Impressum
Verlag: BABADADA GmbH, Nedderfeld 112 , 22529 Hamburg
Geschäftsführer / Verlagsleitung: Harald Hof
Druck: Books on Demand GmbH, In de Tarpen 42, 22848 Norderstedt

Imprint
Publisher: BABADADA GmbH, Nedderfeld 112 , 22529 Hamburg, Germany
Managing Director / Publishing direction: Harald Hof
Print: Books on Demand GmbH, In de Tarpen 42, 22848 Norderstedt

skool

koulu

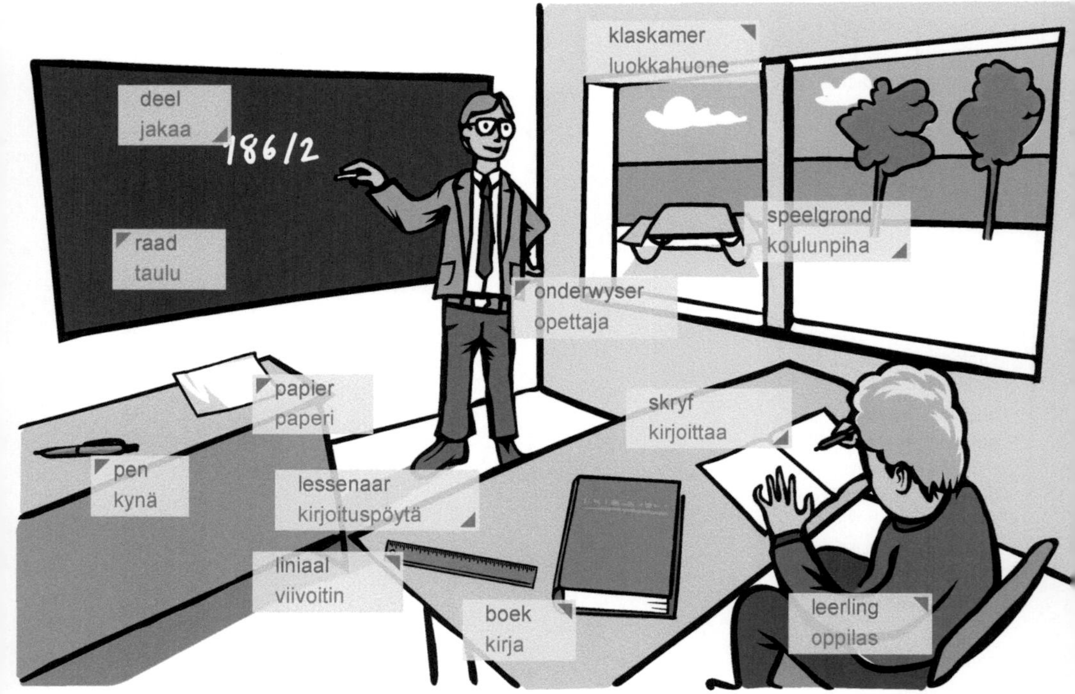
klaskamer
luokkahuone
deel
jakaa
186/2
raad
taulu
speelgrond
koulunpiha
onderwyser
opettaja
papier
paperi
skryf
kirjoittaa
pen
kynä
lessenaar
kirjoituspöytä
liniaal
viivoitin
boek
kirja
leerling
oppilas

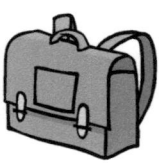

skooltas

reppu

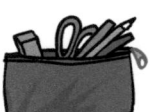

potloodhouer

penaali

potlood

lyijykynä

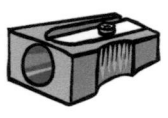

skerpmaker

kynänteroitin

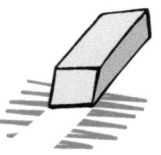

rubber

pyyhekumi

tekenblok

piirustuslehtiö

tekening
piirustus

verfkwas
pensseli

verfoppervlak
vesivärit

skêr
sakset

gom
liima

oefenboek
harjoituskirja

huiswerk
kotitehtävä

12

aantal
luku

2+2

optel
lisätä

5-2

aftrek
vähentää

2×2

maal
kertoa

bereken
laskea

A

brief
kirjain

ABCDEFG
HIJKLMN
OPQRSTU
VWXYZ

alaphabet
aakkoset

hello

woord
sana

teks

teksti

lees

lukea

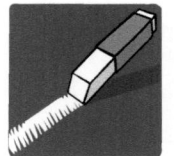

kryt

liitu

les

oppitunti

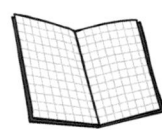

registreer

opettajan muistikirja

eksamen

koe

sertifikaat

todistus

skooluniform

koulupuku

onderwys

koulutus

ensiklopedie

sanakirja

universiteit

yliopisto

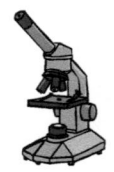

mikroskoop

mikroskooppi

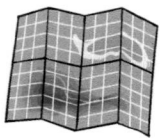

kaart

kartta

vullisdrom

roskakori

reis
matka

hotel
hotelli
Grand
hostel
retkeilymaja
ROOMS
EXCHANGE
bureau de change
rahanvaihto
tas
matkalaukku
motor
auto

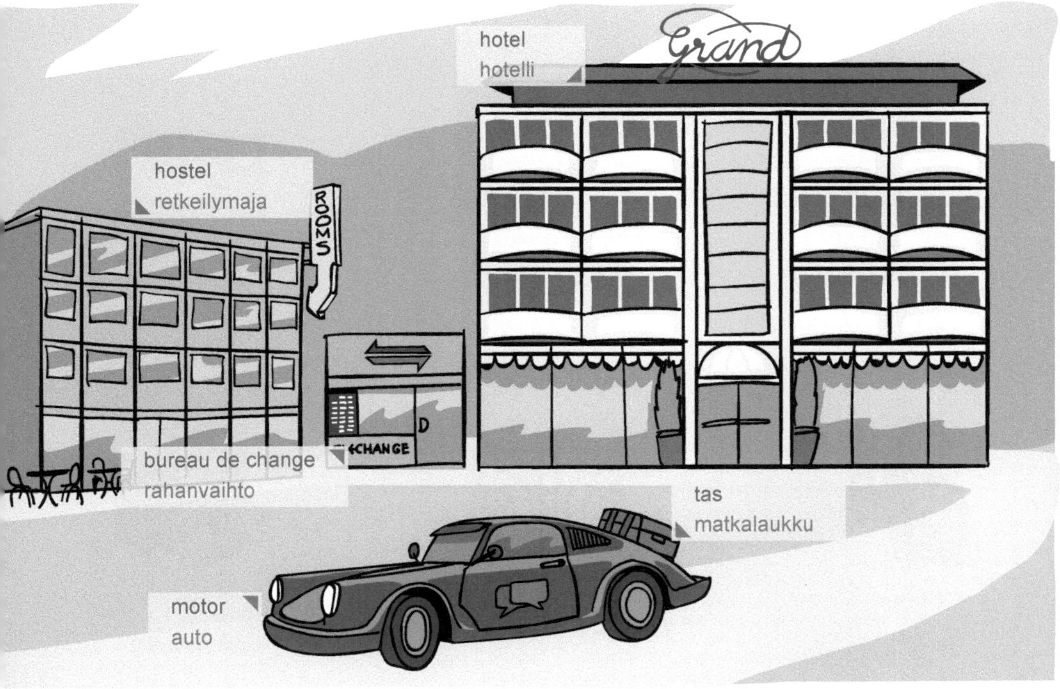

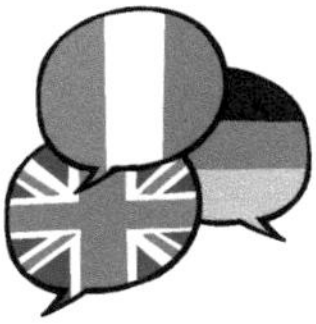

taal
kieli

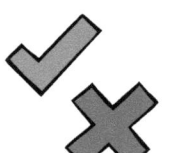

ja / nee
kyllä / ei

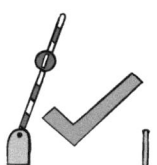

Goed
selvä

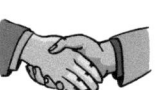

hallo
hei

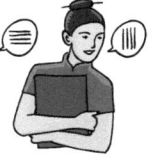

vertaler
tulkki

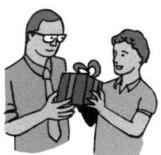

Dankie
kiitos

hoeveel is...?

Paljonko...maksaa?

Ek verstaan nie

en ymmärrä

probleem

ongelma

Goeie naand!

Hyvää iltaa!

Goeie môre!

Hyvää huomenta!

Goeie nag!

Hyvää yötä!

totsiens

näkemiin

rigting

suunta

bagasie

matkatavarat

sak

laukku

rugsak

reppu

gas

vieras

kamer

huone

slaapsak

makuupussi

tent

teltta

toeriste-inligting

turisti-info

strand

ranta

kredietkaart

luottokortti

ontbyt

aamupala

middagete

lounas

aandete

päivällinen

kaartjie

matkalippu

hysbak

hissi

posseël

postimerkki

grens

raja

doeane

tulli

ambassade

suurlähetystö

visum

viisumi

paspoort

passi

vervoer
kuljetus

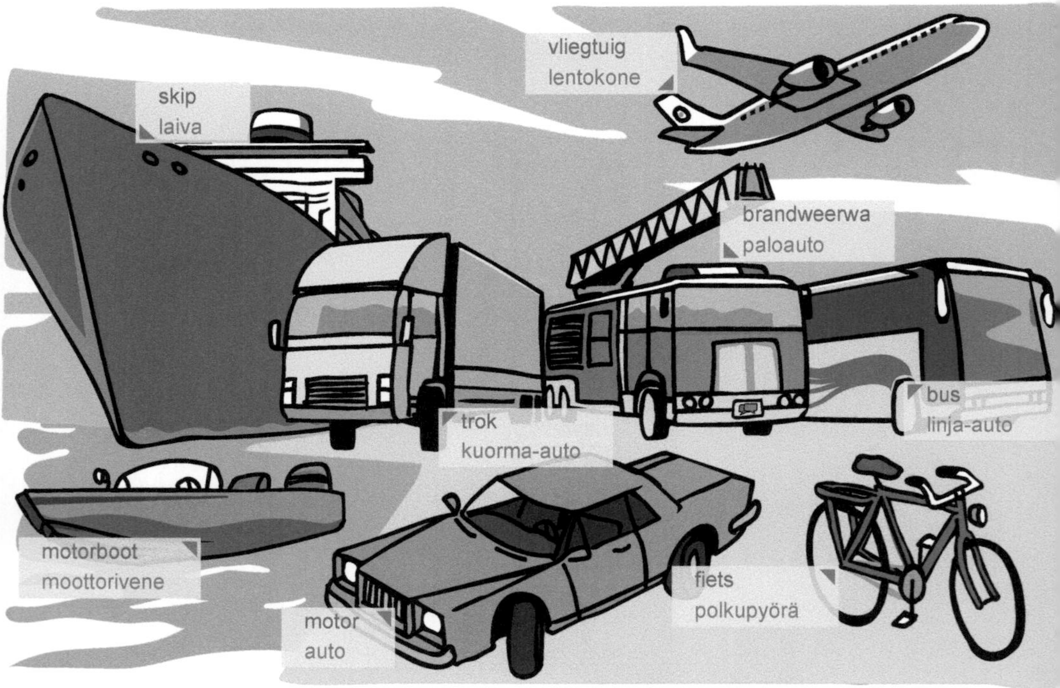
vliegtuig
lentokone
skip
laiva
brandweerwa
paloauto
bus
linja-auto
trok
kuorma-auto
motorboot
moottorivene
motor
auto
fiets
polkupyörä

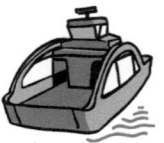

veerboot

lautta

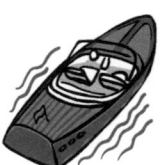

boot

vene

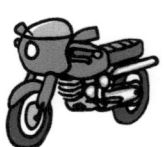

motorfiets

moottoripyörä

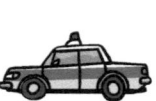

polisiemotor

poliisiauto

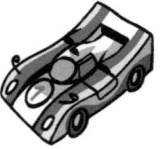

renmotor

kilpa-auto

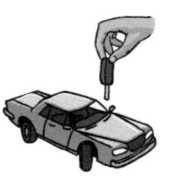

huurmotor

vuokra-auto

car-sharing

car sharing

insleepvoertuig

hinausauto

vullisverwydering

roska-auto

enjin

moottori

brandstof

polttoaine

vulstasie

huoltoasema

verkeersteken

liikennemerkki

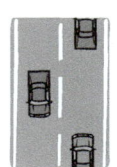

verkeer

liikenne

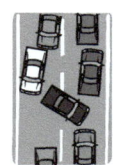

verkeersknoop

ruuhka

parkeerplek

parkkipaikka

stasie

rautatieasema

spore

raiteet

trein

juna

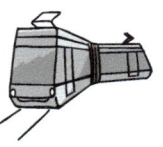

tram

raitiovaunu

wa

vaunu

helikopter

helikopteri

lughawe

lentokenttä

toring

lähilennonjohto

passasier

matkustaja

houer

kontti

karton

pahvilaatikko

karretjie

kärryt

mandjie

kori

opstyg / land

nousta / laskea

stad

kaupunki

dorpie

kylä

middestad

keskusta

huis

talo

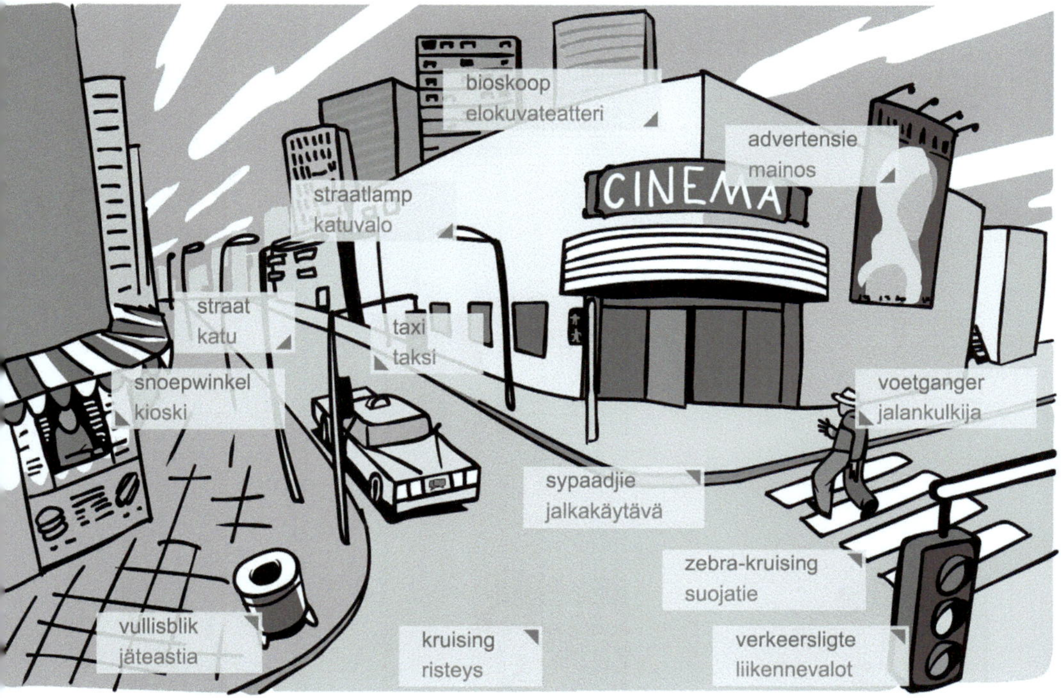
bioskoop
elokuvateatteri
advertensie
mainos
CINEMA
straatlamp
katuvalo
straat
katu
taxi
taksi
snoepwinkel
kioski
voetganger
jalankulkija
sypaadjie
jalkakäytävä
zebra-kruising
suojatie
vullisblik
jäteastia
kruising
risteys
verkeersligte
liikennevalot

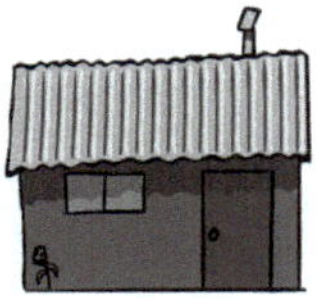

hut

mökki

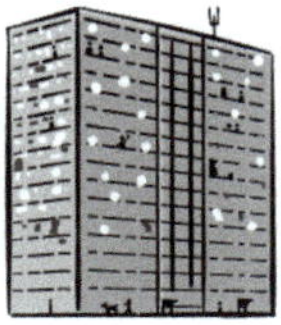

woonstel

kerrostalo

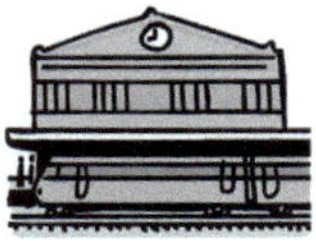

stasie

rautatieasema

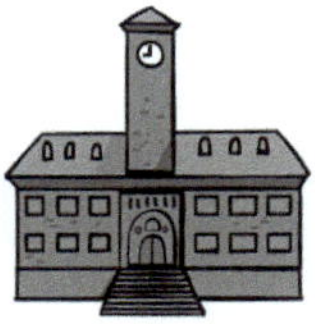

stadsaal

kaupungintalo

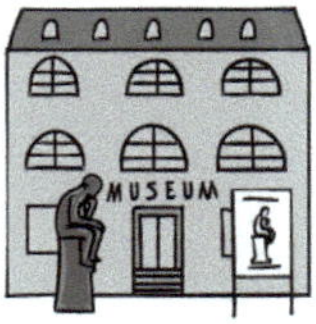
MUSEUM

museum

museo

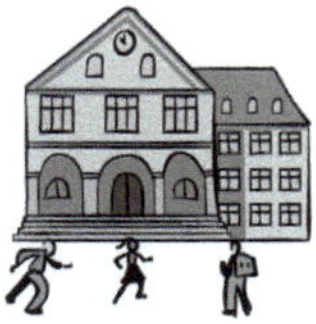

skool

koulu

universiteit

yliopisto

bank

pankki

hospitaal

sairaala

hotel

hotelli

apteek

apteekki

kantoor

toimisto

boekwinkel

kirjakauppa

winkel

liike

bloemis

kukkakauppa

supermark

supermarketti

mark

tori

handelshuis

tavaratalo

viswinkel

kalakauppias

inkopiesentrum

ostoskeskus

hawe

satama

park
puisto

bankie
penkki

brug
silta

trappe
portaat

moltrein
metro

tonnel
tunneli

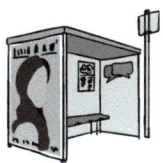

bushalte
linja-autopysäkki

kroeg
baari

restaurant
ravintola

posbus
postilaatikko

straatnaambord
katukyltti

parkeermeter
parkkimittari

dieretuin
eläintarha

swembad
uimala

moskee
moskeija

plaas

maatila

besoedeling

ympäristön saastuminen

begraafplaas

hautausmaa

kerk

kirkko

speelgrond

leikkikenttä

tempel

temppeli

landskap
maisema

blaar
lehti

padwyser
tienviitta

pad
tie

weiland
niitty

klip
kivi

boom
puu

voetslaner
retkeilijä

rivier
joki

gras
ruoho

blom
kukka

vallei
laakso

heuwel
vuori

meer
järvi

bos
metsä

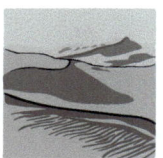

woestyn
aavikko

vulkaan
tulivuori

kasteel
linna

reënboog
sateenkaari

sampioen
sieni

palmboom
palmu

muskiet
hyttynen

vlieg
kärpänen

mier
muurahainen

by
mehiläinen

spinnekop
hämähäkki

miskruier

kovakuoriainen

padda

sammakko

eekhoring

orava

krimpvarkie

siili

haas

jänis

uil

pöllö

voël

lintu

swaan

joutsen

wildevark

villisika

takbok

peura

elk

hirvi

opgaardam

pato

windturbine

tuulimylly

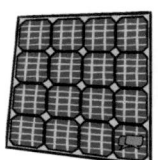

sonpaneel

aurinkopaneeli

klimaat

ilmasto

restaurant
ravintola

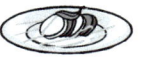

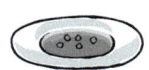

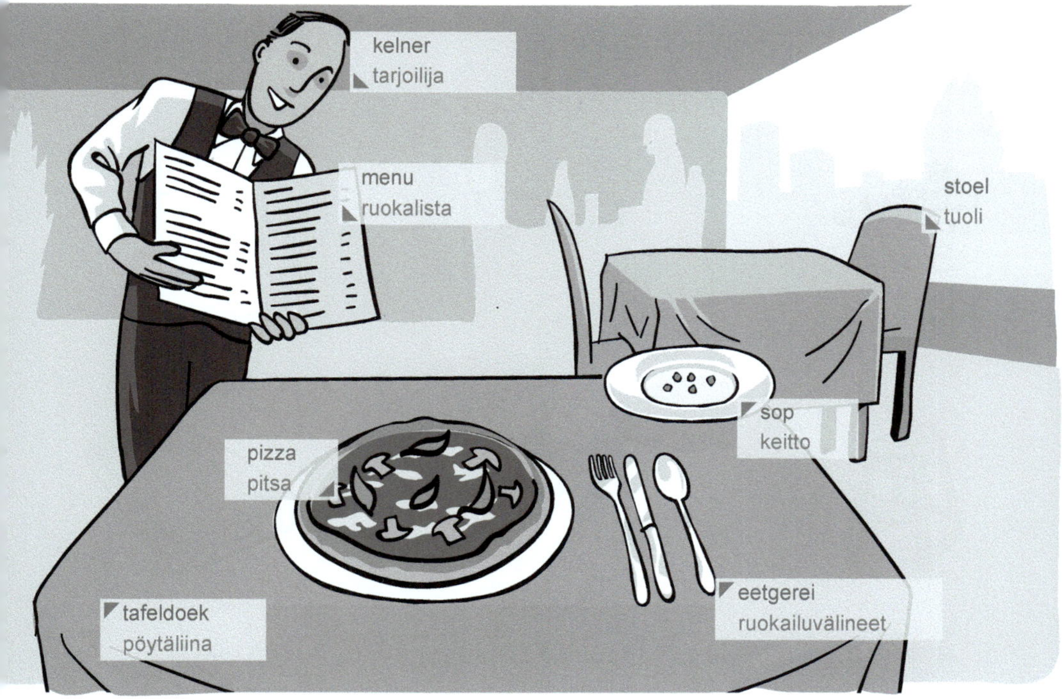

kelner
tarjoilija
menu
ruokalista
stoel
tuoli
sop
keitto
pizza
pitsa
tafeldoek
pöytäliina
eetgerei
ruokailuvälineet

voorgereg

alkuruoka

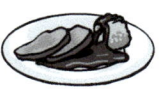

hoofgereg

pääruoka

nagereg

jälkiruoka

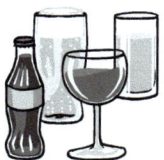

drankies

juomat

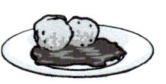

kos

ruoka

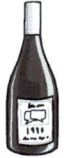

bottel

pullo

kitskos

pikaruoka

straatkos

katuruoka

teepot

teekannu

suikerverpakking

sokeriastia

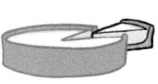

porsie

annos

espresso masjien

espressokeitin

hoë stoel

syöttötuoli

rekening

lasku

skinkbord

tarjotin

mes

veitsi

vurk

haarukka

lepel

lusikka

teelepel

teelusikka

servet

servietti

glas

lasi

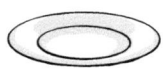

gereg

lautanen

sopbakkie

syvä lautanen

piering

aluslautanen

sous

kastike

soutpot

suolasirotin

pepermeul

pippurimylly

asyn

etikka

olie

öljy

speserye

mausteet

tamatiesous

ketsuppi

mosterd

sinappi

mayonaise

majoneesi

supermark

supermarketti

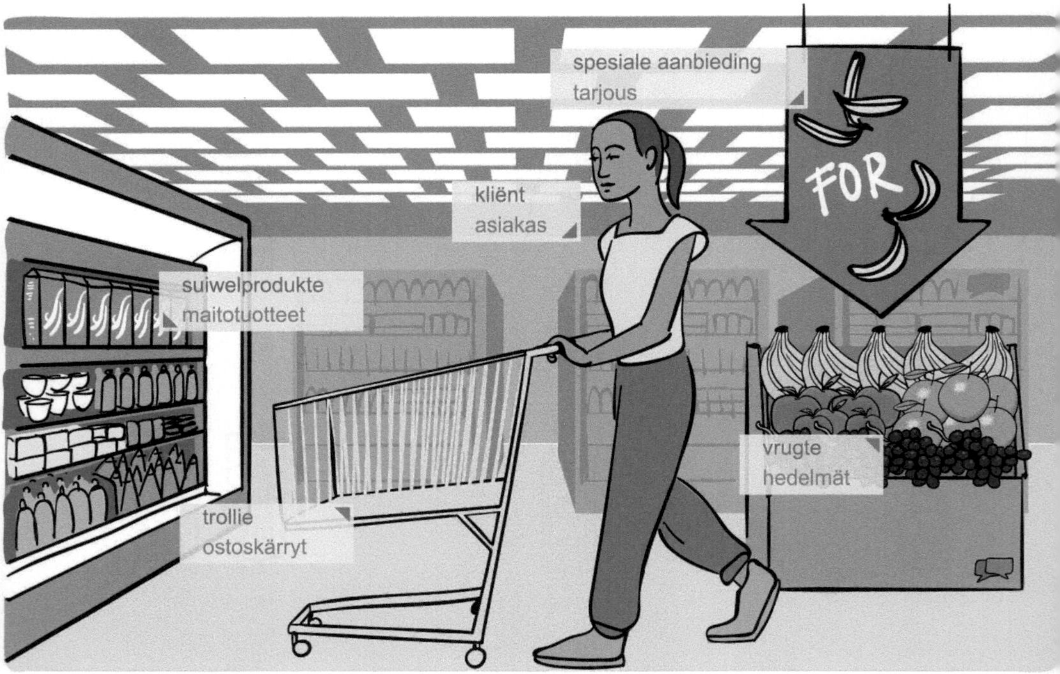
spesiale aanbieding
tarjous
FOR
kliënt
asiakas
suiwelprodukte
maitotuotteet
vrugte
hedelmät
trollie
ostoskärryt

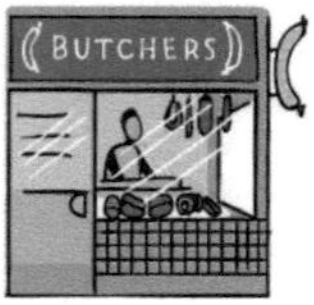
BUTCHERS

slaghuis

teurastamo

BAKERY

bakkery

leipomo

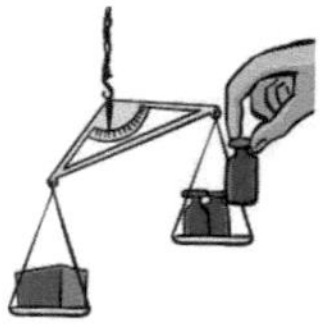

weeg

punnita

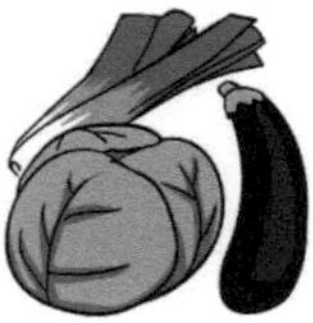

groente

kasvikset

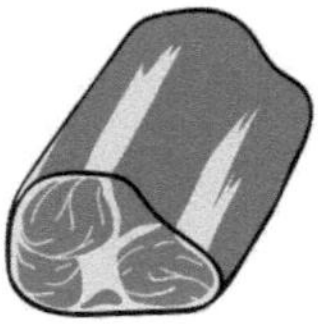

vleis

liha

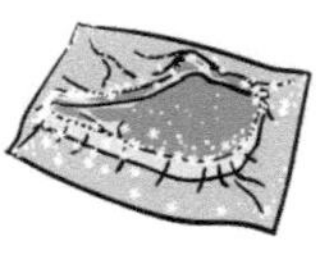

bevrore voedsel

pakasteet

kouevleis

leikkele

blikkieskos

säilykkeet

waspoeier

pesujauhe

lekkers

makeiset

huishoudelike produkte

kotitaloustarvikkeet

skoonmaakprodukte

puhdistusaineet

verkoopsvrou

myyjä

kasregister

kassa

kassier

kassanhoitaja

inkopielys

ostoslista

besigheidsure

aukioloajat

beursie

lompakko

kredietkaart

luottokortti

sak

kassi

plastieksak

muovipussi

water
vesi

sap
mehu

melk
maito

coke
kokis

wyn
viini

bier
olut

alkohol
alkoholi

kakao
kaakao

tee
tee

koffie
kahvi

espresso
espresso

cappuccino
cappuccino

piesang
banaani

appel
omena

lemoen
appelsiini

waatlemoen
meloni

suurlemoen
sitruuna

wortel
porkkana

knoffel
valkosipuli

bamboes
bambu

ui
sipuli

sampioen
sieni

neute
pähkinät

noedels
spagetti

spaghetti

spagetti

rys

riisi

slaai

salaatti

aartappelskyfies

ranskalaiset

gebraaide aartappels

paistetut perunat

pizza

pitsa

hamburger

hampurilainen

toebroodjie

voileipä

kotelet

leike

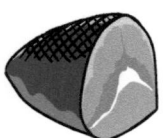

ham

kinkku

salami

salami

wors

makkara

hoender

kana

braaivleis

paisti

vis

kala

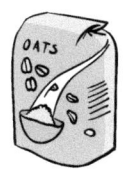

hawermoutflokkies

kaurahiutaleet

muesli

mysli

graanvlokkies

murot

meel

jauho

croissant

voisarvi

broodrolletjie

sämpylä

brood

leipä

roosterbrood

paahtoleipä

koekies

keksit

botter

voi

dikmelk

rahka

koek

kakku

eier

kananmuna

gebraaide eier

paistettu kananmuna

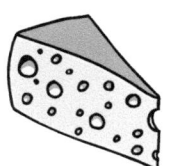

kaas

juusto

roomys
jäätelö

suiker
sokeri

heuning
hunaja

konfyt
hillo

nougat-smeer
suklaapähkinälevite

kerrie
curry

plaas
maatila

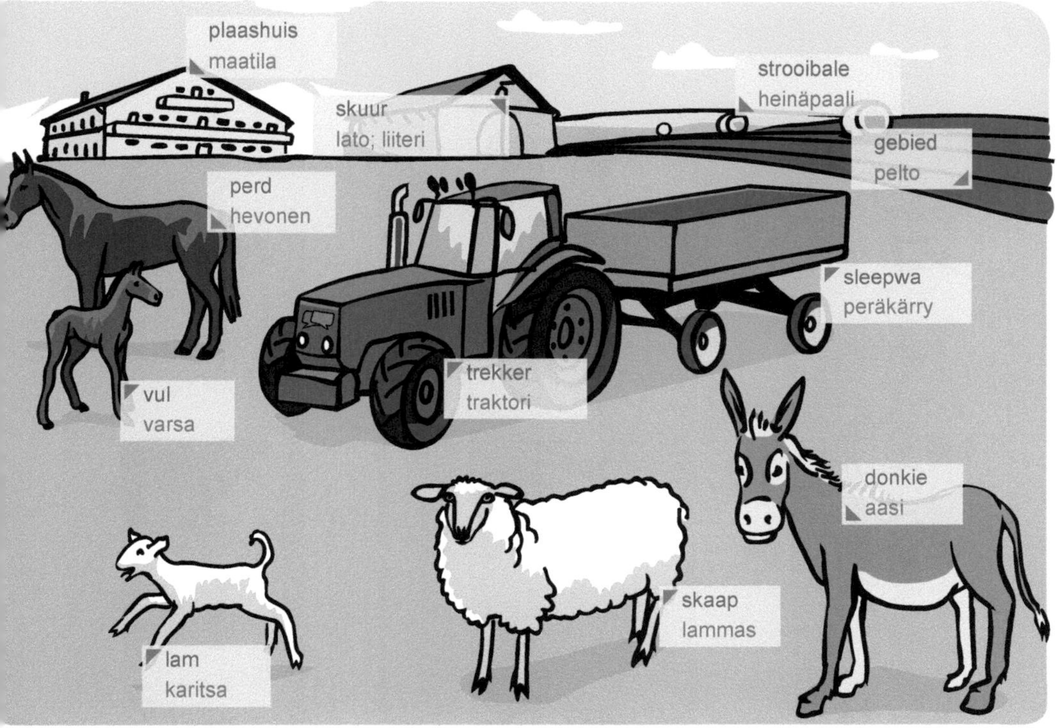
plaashuis
maatila
skuur
lato; liiteri
strooibale
heinäpaali
gebied
pelto
perd
hevonen
sleepwa
peräkärry
trekker
traktori
vul
varsa
donkie
aasi
skaap
lammas
lam
karitsa

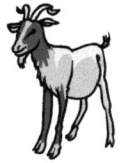

bok

vuohi

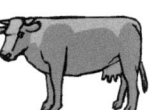

koei

lehmä

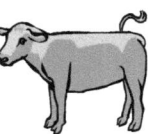

kalf

vasikka

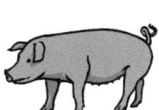

vark

sika

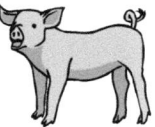

varkie

porsas

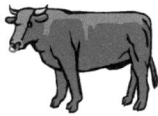

bul

sonni

gans
hanhi

eend
ankka

kuiken
tipu

hen
kana

haan
kukko

rot
rotta

kat
kissa

muis
hiiri

os
härkä

hond
koira

hondehok
koirankoppi

tuinslang
puutarhaletku

gieter
kastelukannu

sens
viikate

ploeg
aura

sekel

sirppi

skoffel

kuokka

gaffel

talikko

byl

kirves

kruiwa

kottikärryt

trog

kaukalo

melkkan

maitokannu

sak

säkki

heining

aita

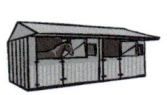

stal

talli

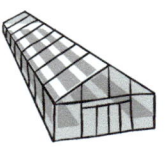

kweekhuis

kasvihuone

grond

maa

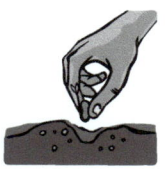

saad

siemen

kunsmis

lannoite

stroper

leikkuupuimuri

oes

kerätä sato

oes

sato

yam

jamssit

koring

vehnä

soja

soija

aartappel

peruna

koring

maissi

raapsaad

rypsi

vrugteboom

hedelmäpuu

broodwortel

maniokki

graan

vilja

huis
talo

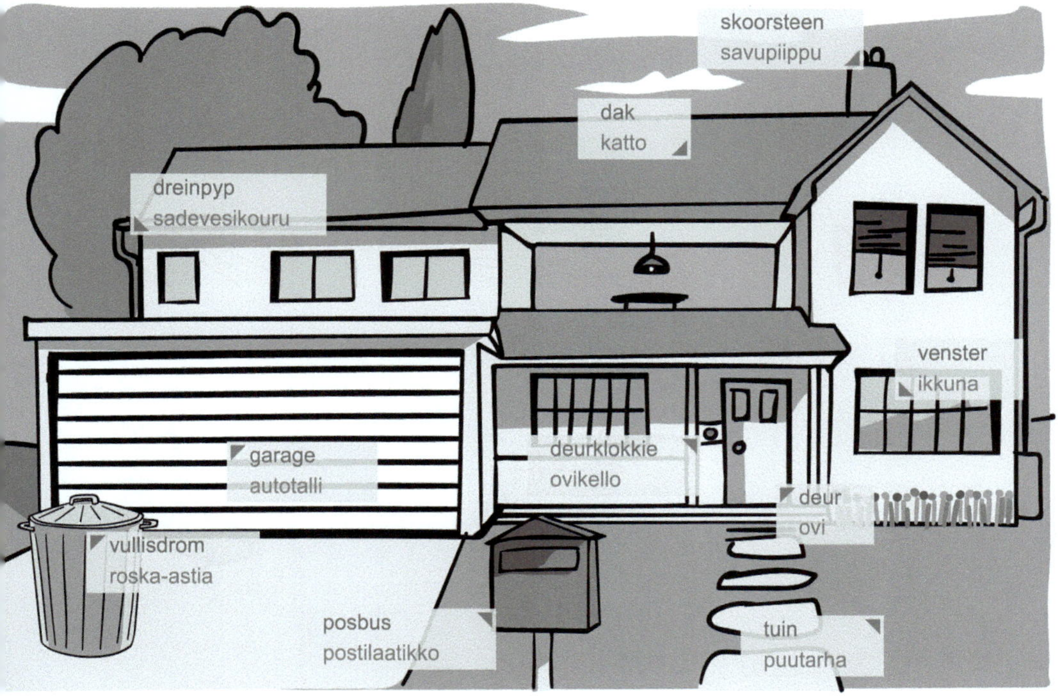
skoorsteen
savupiippu
dak
katto
dreinpyp
sadevesikouru
venster
ikkuna
garage
autotalli
deurklokkie
ovikello
deur
ovi
vullisdrom
roska-astia
posbus
postilaatikko
tuin
puutarha

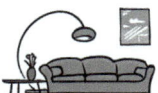

woonkamer

olohuone

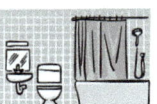

badkamer

kylpyhuone

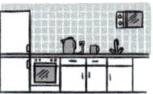

kombuis

keittiö

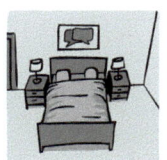

slaapkamer

makuuhuone

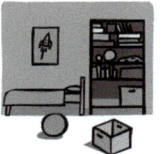

kinderkamer

lastenhuone

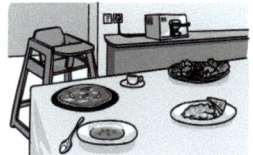

eetkamer

ruokahuone

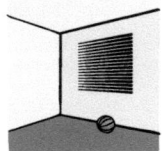

vloer

lattia

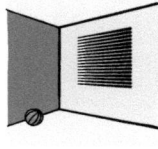

muur

seinä

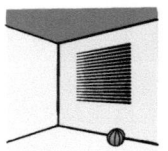

plafon

katto

kelder

kellari

sauna

sauna

balkon

parveke

terras

terassi

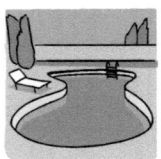

swembad

uima-allas

grassnyer

ruohonleikkuri

beddegoedoortreksel

lakana

deken

päiväpeitto

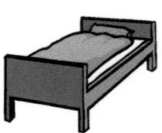

bed

sänky

besem

harja

emmer

ämpäri

skakelaar

katkaisin

woonkamer
olohuone

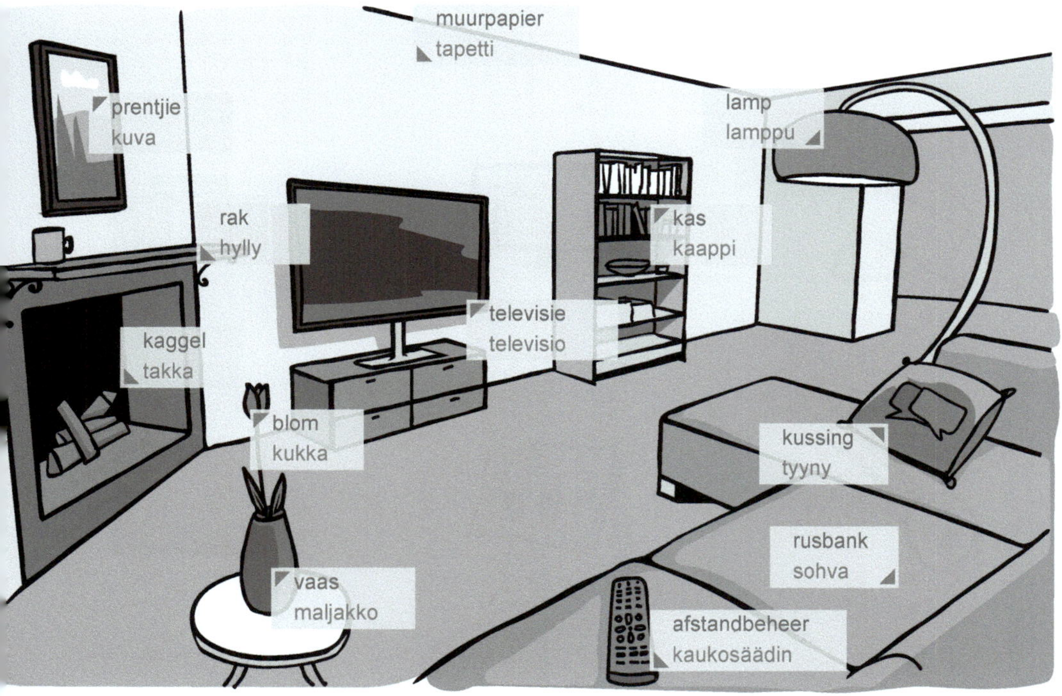
muurpapier
tapetti
prentjie
kuva
lamp
lamppu
rak
hylly
kas
kaappi
televisie
televisio
kaggel
takka
blom
kukka
kussing
tyyny
rusbank
sohva
vaas
maljakko
afstandbeheer
kaukosäädin

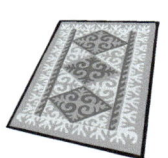

mat

matto

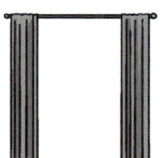

gordyn

verho

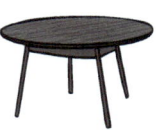

tafel

pöytä

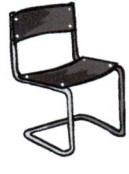

stoel

tuoli

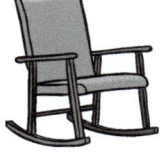

wiegstoel

keinutuoli

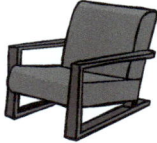

leunstoel

nojatuoli

boek
kirja

kombers
peitto

versiering
koriste

vuurmaakhout
polttopuut

film
elokuva

hoëtroustel
stereot

sleutel
avain

koerant
sanomalehti

skildery
maalaus

plakkaat
juliste

radio
radio

notaboekie
muistivihko

stofsuier
pölynimuri

kaktus
kaktus

kers
kynttilä

kombuis
keittiö

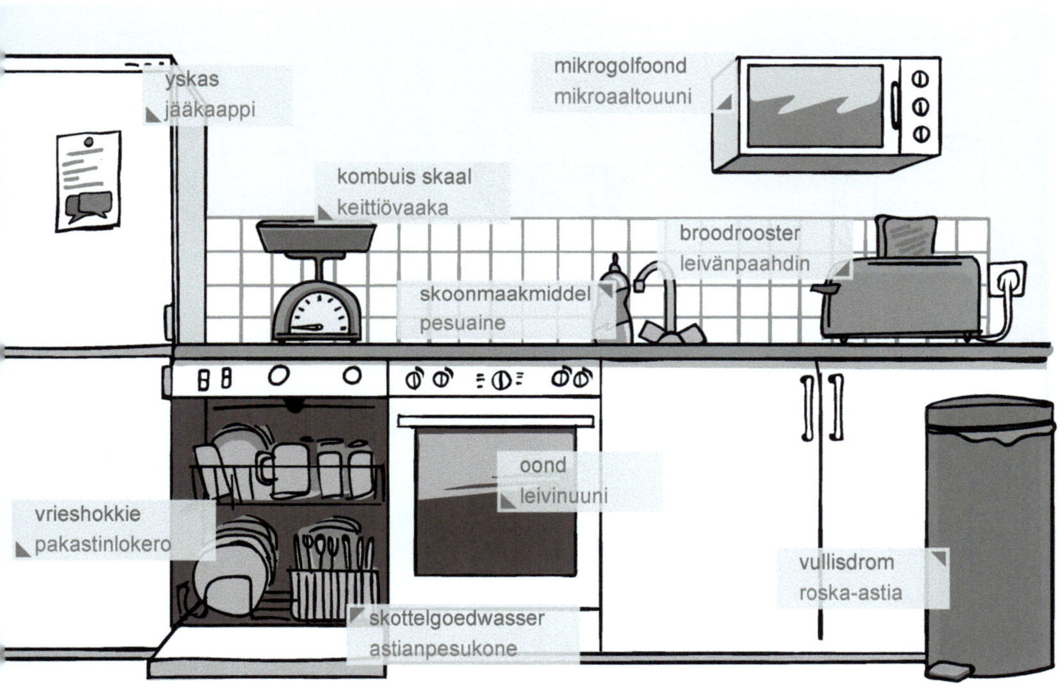
yskas
jääkaappi
mikrogolfoond
mikroaaltouuni
kombuis skaal
keittiövaaka
broodrooster
leivänpaahdin
skoonmaakmiddel
pesuaine
oond
leivinuuni
vrieshokkie
pakastinlokero
vullisdrom
roska-astia
skottelgoedwasser
astianpesukone

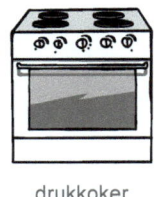

drukkoker

liesi

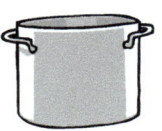

pot

kattila

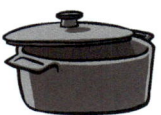

ysterpot

rautapata

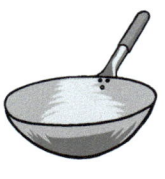

wok / kadai

vokkipannu / kadai-pannu

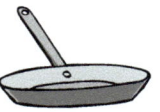

pan

paistinpannu

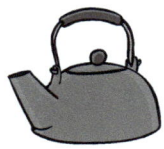

ketel

teepannu

stoomkoker

höyrykeitin

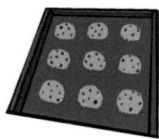

bakplaat

uunipelti

breekware

astiat

beker

muki

bak

kulho

eetstokkie

syömäpuikot

skeplepel

kauha

spatel

paistinlasta

klitser

vispilä

sif

siivilä

sif

siivilä

rasper

raastin

vysel

mortteli

braai

grilli

oop vuur

avotuli

broodplank
leikkuulauta

koekroller
kaulin

kurktrekker
korkinavaaja

kan
purkki

blikoopmaker
purkinavaaja

vatlap
pannulappu

opwasbak
lavuaari

borsel
tiskiharja

spons
pesusieni

menger
tehosekoitin

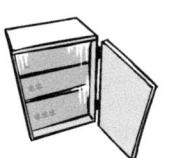

vrieskas
pakastin

bababottel
tuttipullo

kraan
vesihana

badkamer
kylpyhuone

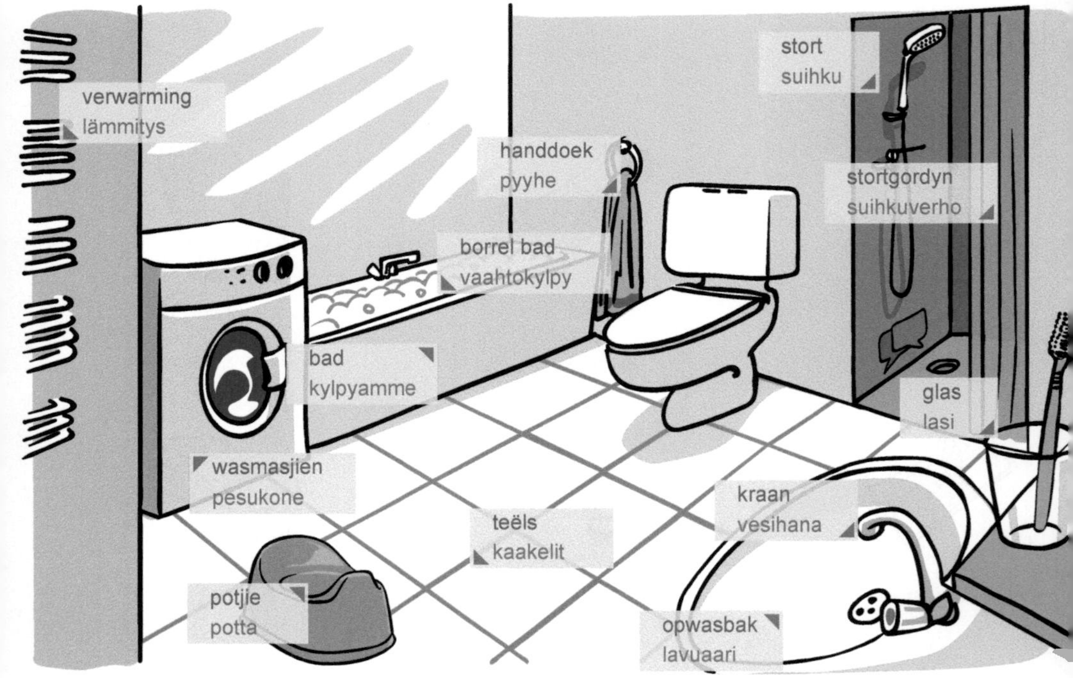
verwarming
lämmitys
handdoek
pyyhe
stort
suihku
stortgordyn
suihkuverho
borrel bad
vaahtokylpy
bad
kylpyamme
wasmasjien
pesukone
glas
lasi
kraan
vesihana
teëls
kaakelit
potjie
potta
opwasbak
lavuaari

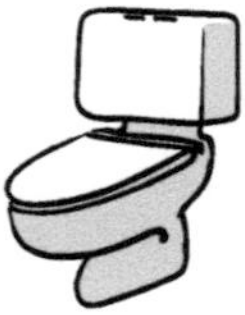

toilet

vessa

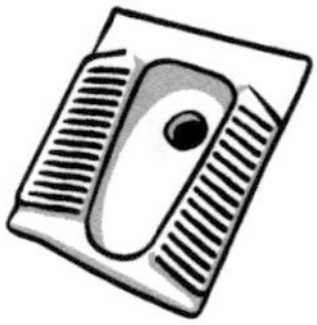

hurktoilet

kyykkyvessa

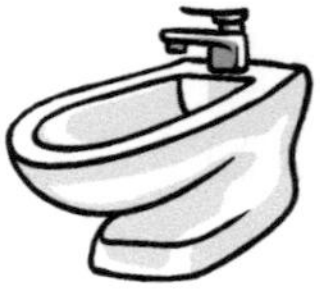

bidet

bidee

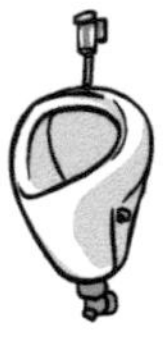

urinaal

pisuaari

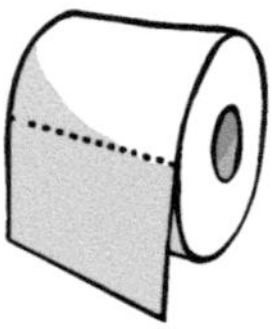

toiletpapier

vessapaperi

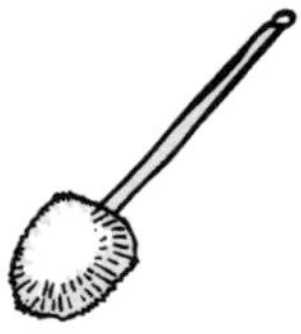

toiletborsel

vessaharja

tandeborsel

hammasharja

tandepasta

hammastahna

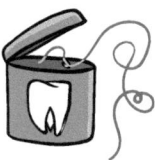

tande vlos

hammaslanka

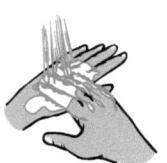

was

pestä

handstort

käsisuihku

stort

intiimisuihku

wasbak

pesuvati

rugkantborsel

selkäharja

seep

saippua

stortgel

suihkugeeli

sjampoe

shampoo

flanel

pesulappu

drein

viemäri

room

voide

reukweerder

deodorantti

spieël

peili

spieëltjie

käsipeili

skeermes

partaveitsi

skeerroom

partavaahto

naskeermiddel

partavesi

kam

kampa

borsel

harja

haardroër

hiustenkuivaaja

haarsproei

hiuslakka

grimmering

meikki

lipstifie

huulipuna

naellak

kynsilakka

watte

pumpuli

naelknipper

kynsisakset

parfuum

hajuvesi

toiletsakkie

kosmetiikkalaukku

stoel

jakkara

skaal

vaaka

badjas

kylpytakki

rubberhandskoene

kumihansikkaat

tampon

tamponi

sanitêre handdoek

terveysside

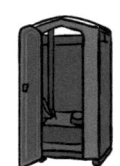

chemiese toilet

kemiallinen wc

kinderkamer

lastenhuone

wekker
herätyskello
snoesige speelding
pehmolelu
speelgoedkarretjie
leikkiauto
ratel
helistin
pophuis
nukkekoti
geskenk
lahja

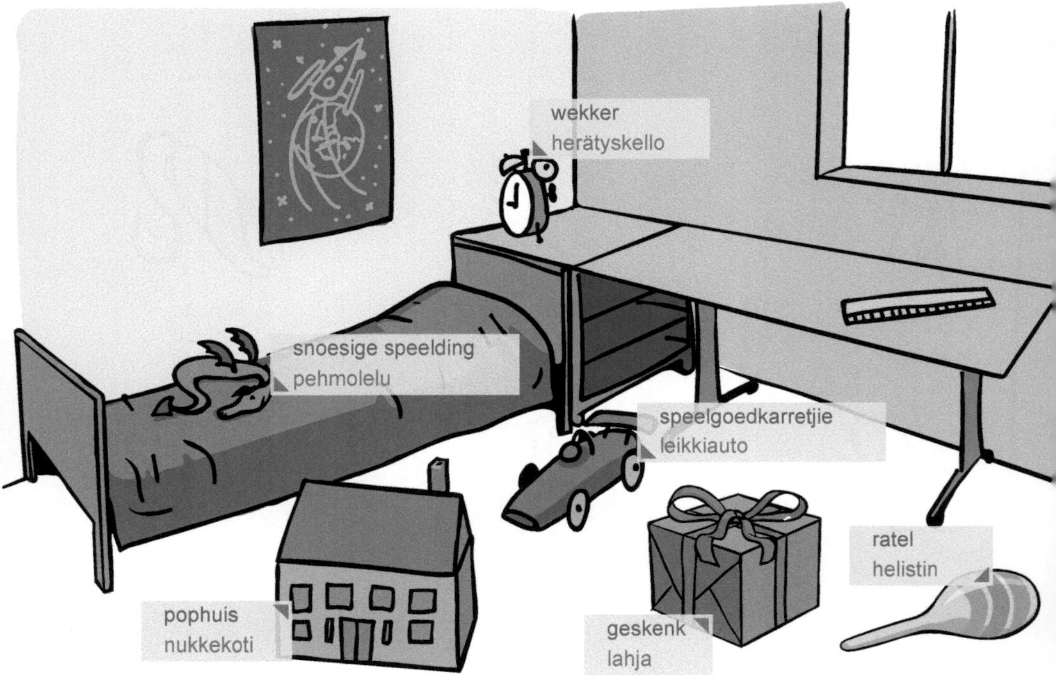

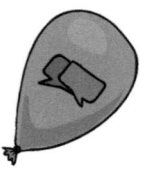

ballon
ilmapallo

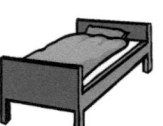

bed
sänky

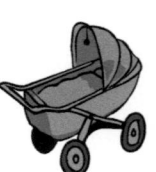

stootwaentjie
lastenvaunut

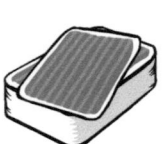

kaartespel
korttipeli

legkaart
palapeli

SUPER
MEGA

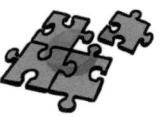

tekenprent
sarjakuva

lego-blokkies

legopalikat

speelgoedblokke

rakennuspalikat

animasieheld

supersankari

groeipakkie

potkupuku

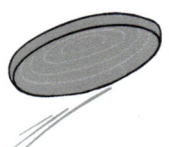

frisbee

frisbee

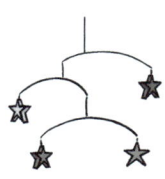

mobile

mobile

bordspeletjie

lautapeli

dobbelsteen

noppa

model trein stel

pienoisjunarata

fopspeen

tutti

partytjie

juhlat

prenteboek

kuvakirja

bal

pallo

pop

nukke

speel

leikkiä

sandput

hiekkalaatikko

swaai

keinu

speelgoed

lelut

videospeletjie-konsole

pelikonsoli

driewiel

kolmipyörä

teddiebeer

nalle

klerekas

vaatekaappi

klere

vaatteet

sokkies

sukat

kouse

nylonsukat

broekiekouse

sukkahousut

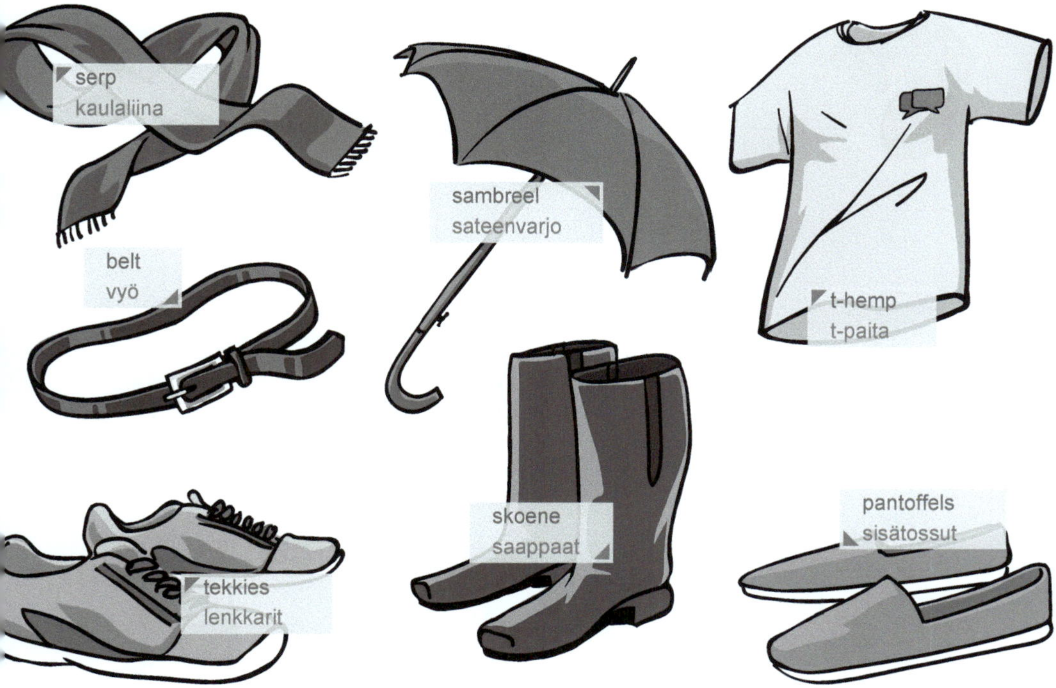

serp
kaulaliina

sambreel
sateenvarjo

belt
vyö

t-hemp
t-paita

skoene
saappaat

pantoffels
sisätossut

tekkies
lenkkarit

sandale
sandaalit

skoene
kengät

rubber stewels
kumisaappaat

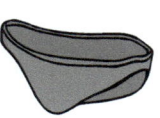

onderbroek
alushousut

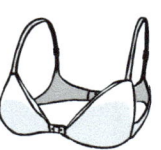

bra
rintaliivit

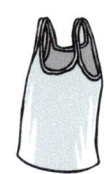

onderbaadjie
aluspaita

liggaam

body

broek

housut

jeans

farkut

romp

hame

bloes

pusero

hemp

paita

oortrektrui

villapaita

oortrektrui

collegepaita

baadjie

jakku

baadjie

takki

jas

takki

reënjas

sadetakki

kostuum

puku

rok

mekko

trourok

hääpuku

pak

puku

nagrok

yöpaita

pajamas

pyjama

sari

shari

kopdoek

päähuivi

tulband

turbaani

burqa

burka

kaftan

kaftaani

abaya

abaya

swembroek

uimapuku

swembroek

uimahousut

kortbroek

shortsit

sweetpak

verkkarit

voorskoot

esiliina

handskoene

käsineet

knoppie

nappi

bril

silmälasit

armband

rannekoru

halssnoer

kaulakoru

ring

sormus

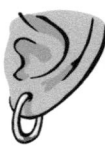

oorbel

korvakoru

pet

lippalakki

klerehanger

ripustin

hoed

hattu

das

solmio

rits

vetoketju

helmet

kypärä

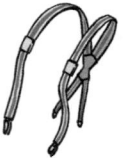

draadjies

henkselit

skooluniform

koulupuku

uniform

univormu

bib
ruokalappu

fopspeen
tutti

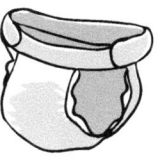

doek
vaippa

kantoor
toimisto

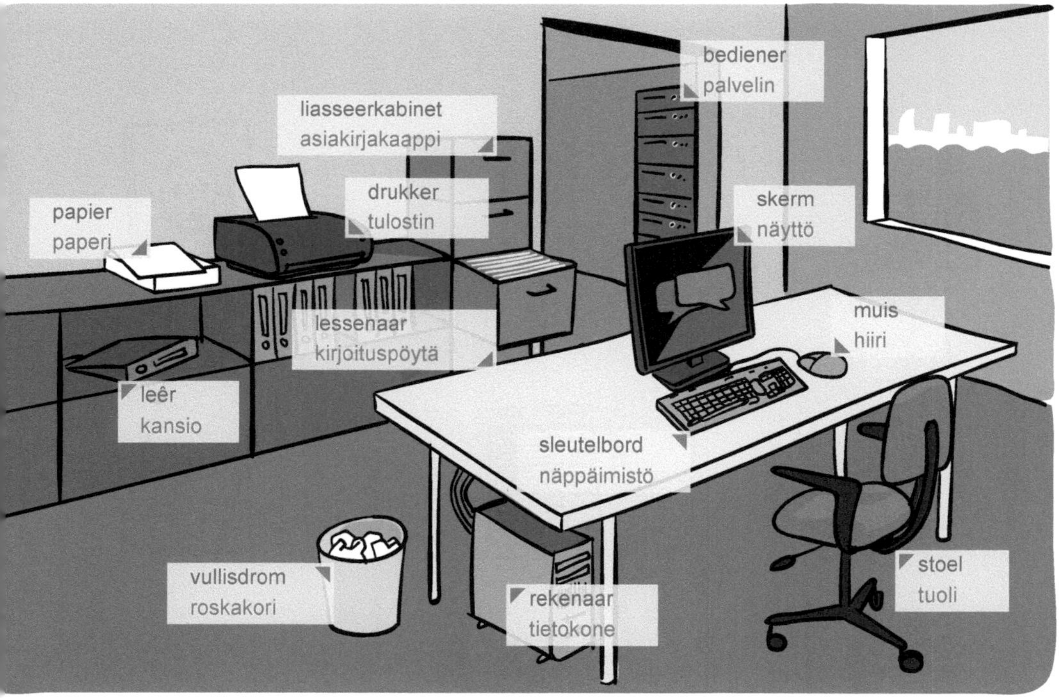

bediener
palvelin

liasseerkabinet
asiakirjakaappi

drukker
tulostin

skerm
näyttö

papier
paperi

lessenaar
kirjoituspöytä

muis
hiiri

leêr
kansio

sleutelbord
näppäimistö

vullisdrom
roskakori

rekenaar
tietokone

stoel
tuoli

koffiebeker
kahvimuki

sakrekenaar
taskulaskin

internet
internet

skootrekenaar

kannettava tietokone

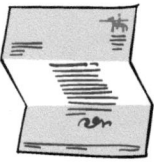

brief

kirje

boodskap

viesti

selfoon

kännykkä

netwerk

verkko

fotostaatmasjien

kopiokone

sagteware

ohjelmisto

telefoon

puhelin

muurprop

pistorasia

faksmasjien

faksi

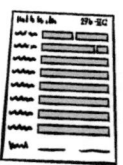

vorm

lomake

dokument

asiakirja

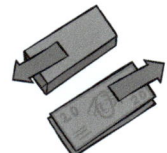

koop

ostaa

betaal

maksaa

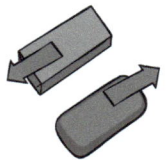

besigheid doen

vaihtaa

geld

raha

USD

dollar

dollari

EUR

euro

euro

JPY

yen

jeni

RUB

roebel

rupla

CHF

switserse frank

frangi

CNY

renminbi yuan

renminbi juan

INR

rupee

rupia

kontantteller (ATM)

pankkiautomaatti

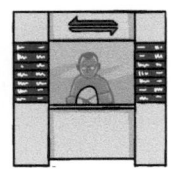

bureau de change

rahanvaihto

goud

kulta

silwer

hopea

olie

öljy

energie

energia

prys

hinta

kontrak

sopimus

belasting

vero

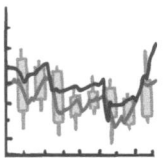

aandele

osake

werk

työskennellä

werknemer

työntekijä

werkgewer

työnantaja

fabriek

tehdas

winkel

liike

beroepe
ammatit

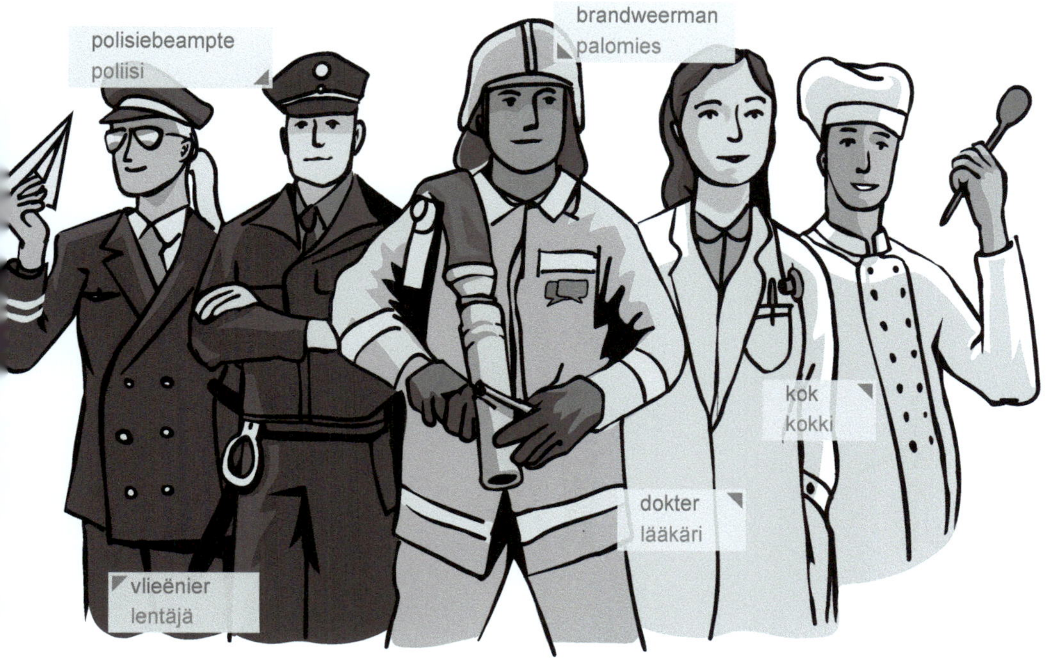
polisiebeampte
poliisi
brandweerman
palomies
kok
kokki
dokter
lääkäri
vlieënier
lentäjä

tuinier

puutarhuri

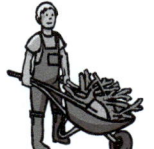

timmerman

puuseppä

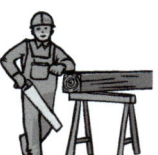

naaldwerkster

ompelija

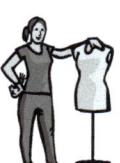

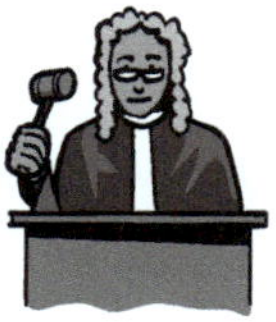

regter

tuomari

chemikus

kemisti

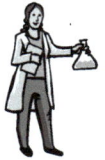

akteur

näyttelijä

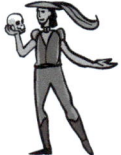

busbestuurder

linja-autonkuljettaja

taxibestuurder

taksinkuljettaja

visserman

kalastaja

skoonmaakvrou

siivooja

dakwerker

katontekijä

kelner

tarjoilija

jagter

metsästäjä

skilder

maalari

bakker

leipuri

elektrisiën

sähköasentaja

bouer

rakentaja

ingenieur

insinööri

slagter

teurastaja

loodgieter

putkiasentaja

posman

postinjakaja

soldaat

sotilas

argitek

arkkitehti

kassier

kassanhoitaja

bloemiste

floristi

haarkapper

kampaaja

kondukteur

konduktööri

werktuigkundige

mekaanikko

kaptein

kapteeni

tandarts

hammaslääkäri

wetenskaplike

tiedemies

rabbi

rabbi

imam

imaami

monnik

munkki

predikant

pappi

gereedskap
työkalut

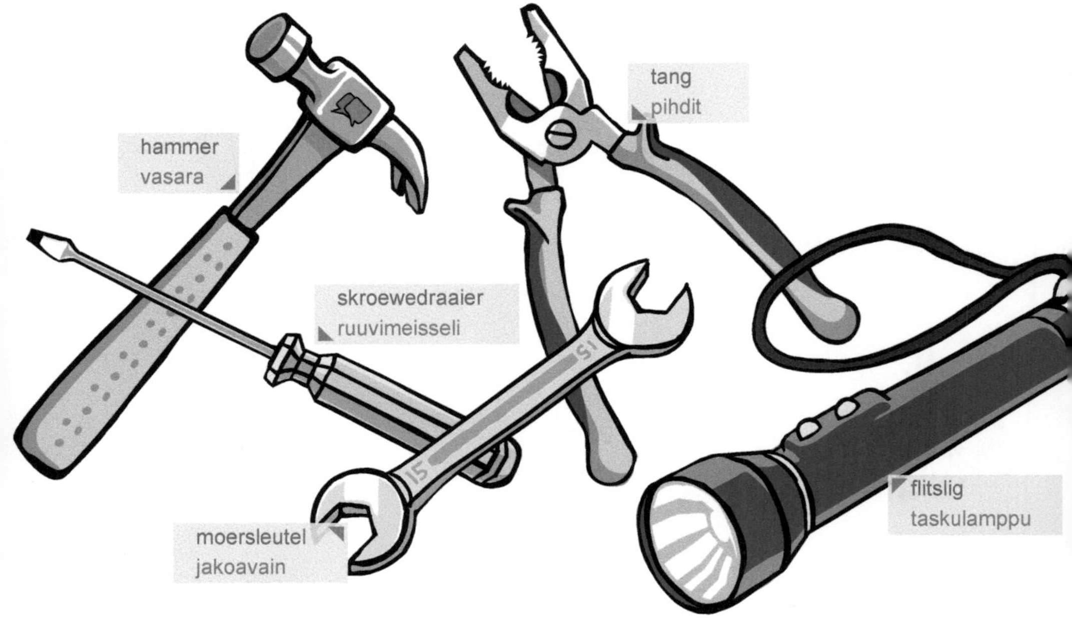

tang
pihdit
hammer
vasara
skroewedraaier
ruuvimeisseli
flitslig
taskulamppu
moersleutel
jakoavain

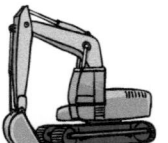

graaftoestel

kaivinkone

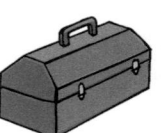

gereedskapskis

työkalupakki

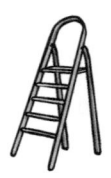

leer

tikkaat

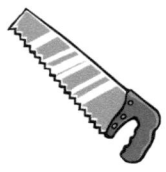

saag

saha

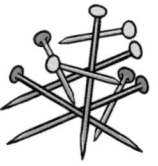

naels

naulat

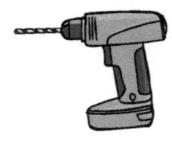

boor

pora

regmaak

korjata

graaf

lapio

verdomp!

Hitto!

skoppie

rikkalapio

verfpot

maalipurkki

skroewe

ruuvit

musiekinstrumente
soittimet

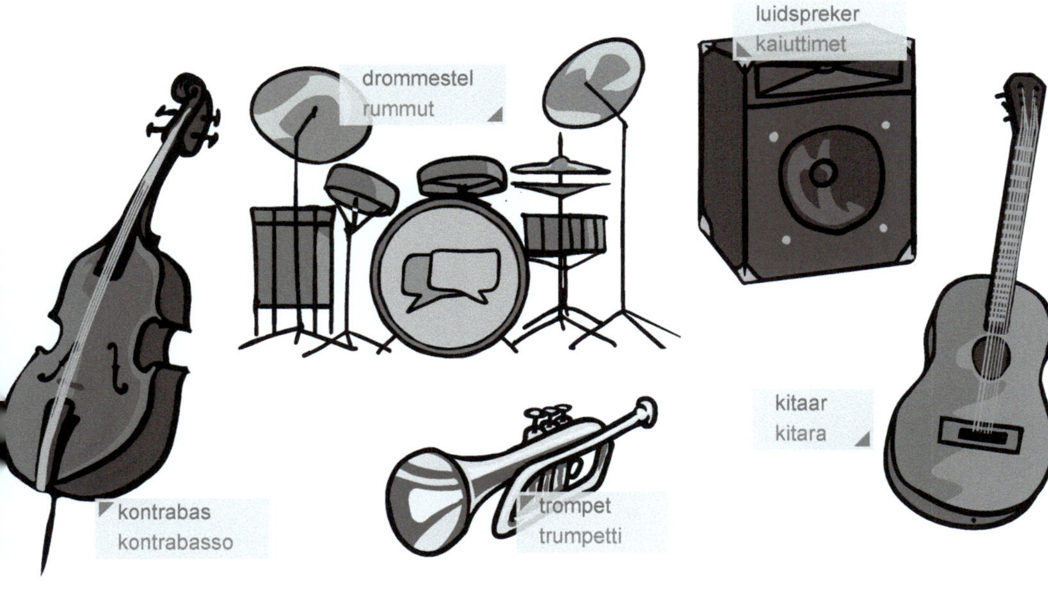

luidspreker
kaiuttimet

drommestel
rummut

kontrabas
kontrabasso

trompet
trumpetti

kitaar
kitara

klavier

piano

viool

viulu

bas

basso

keteltrom

patarummut

dromme

rumpu

sleutelbord

kosketinsoitin

saksofoon

saksofoni

fluit

huilu

mikrofoon

mikrofoni

dieretuin
eläintarha

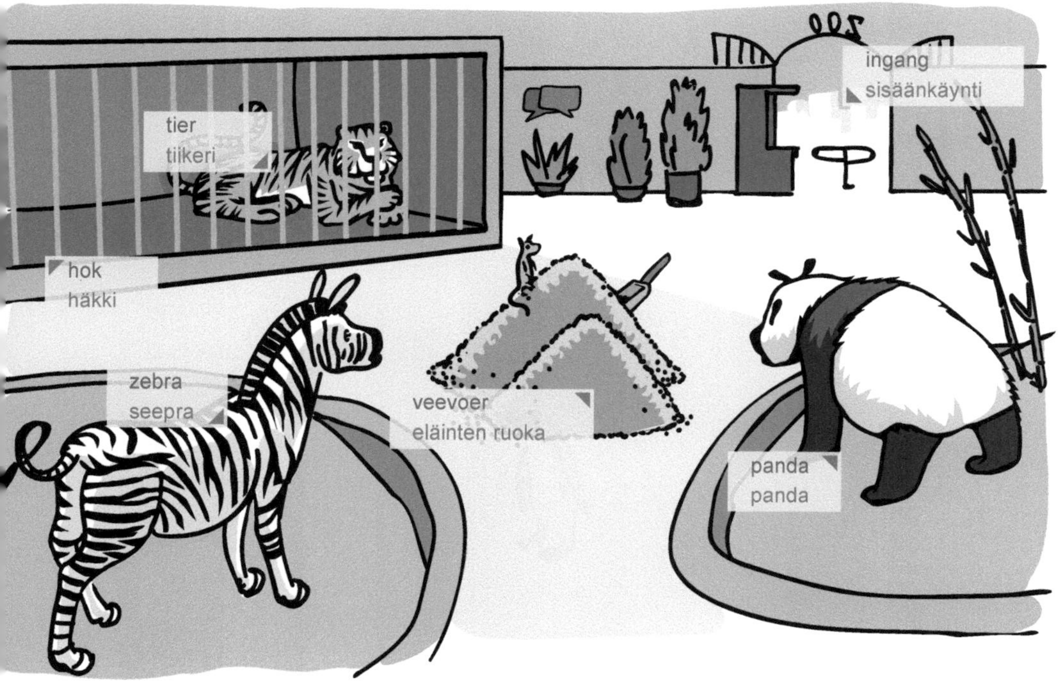
ingang
sisäänkäynti
tier
tiikeri
hok
häkki
zebra
seepra
veevoer
eläinten ruoka
panda
panda

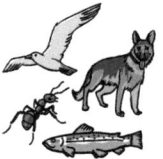

diere
eläimet

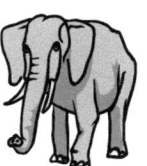

olifant
norsu

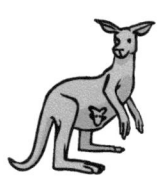

kangaroo
kenguru

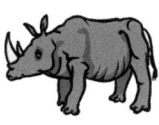

renoster
sarvikuono

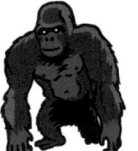

gorilla
gorilla

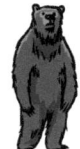

beer
karhu

kameel
kameli

volstruis
strutsi

leeu
leijona

aap
apina

flamink
flamingo

papegaai
papukaija

ysbeer
jääkarhu

pikkewyn
pingviini

haai
hai

pou
riikinkukko

slang
käärme

krokodil
krokotiili

dieretuinopsigter
eläintarhanhoitaja

rob
hylje

jaguar
jaguaari

ponie

poni

luiperd

leopardi

seekoei

virtahepo

kameelperd

kirahvi

arend

kotka

wildevark

villisika

vis

kala

skilpad

kilpikonna

walrus

mursu

jakkals

kettu

gemsbok

gaselli

Amerikaanse Voetbal
amerikkalainen jalkapallo

fietsry
pyöräily

tennis
tennis

basketbal
koripallo

swem
uinti

boks
nyrkkeily

ys-hokkie
jääkiekko

sokker	pluimbal	atletiek
jalkapallo	sulkapallo	yleisurheilu

handbal	ski	polo
käsipallo	hiihto	poolo

spring
hypätä

lag
nauraa

drukkie
halata

loop
kävellä

sing
laulaa

droom
unelmoida

bid
rukoilla

soen
suudella

skryf	teken	show
kirjoittaa	piirtää	näyttää

druk	gee	neem
painaa	antaa	ottaa

het
....
omistaa

doen
....
tehdä

wees
....
olla

staan
....
seisoa

hardloop
....
juosta

trek
....
vetää

gooi
....
heittää

val
....
kaatua

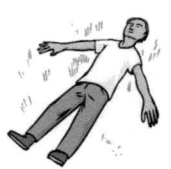

jok
....
maata

wag
....
odottaa

dra
....
kantaa

sit
....
istua

aantrek
....
pukeutua

slaap
....
nukkua

wakker word
....
herätä

kyk na
katsoa

huil
itkeä

streel
silittää

kam
kammata

praat
puhua

verstaan
ymmärtää

vra
kysyä

luister
kuunnella

drink
juoda

eet
syödä

opruim
siivota

liefhê
rakastaa

kook
keittää

ry
ajaa

vlieg
lentää

seil
....
purjehtia

bereken
....
laskea

lees
....
lukea

leer
....
oppia

werk
....
työskennellä

trou
....
mennä naimisiin

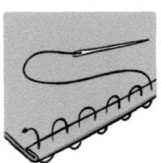

naai
....
ommella

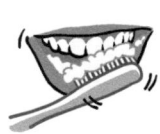

tande borsel
....
pestä hampaat

doodmaak
....
tappaa

rook
....
tupakoida

stuur
....
lähettää

familie
perhe

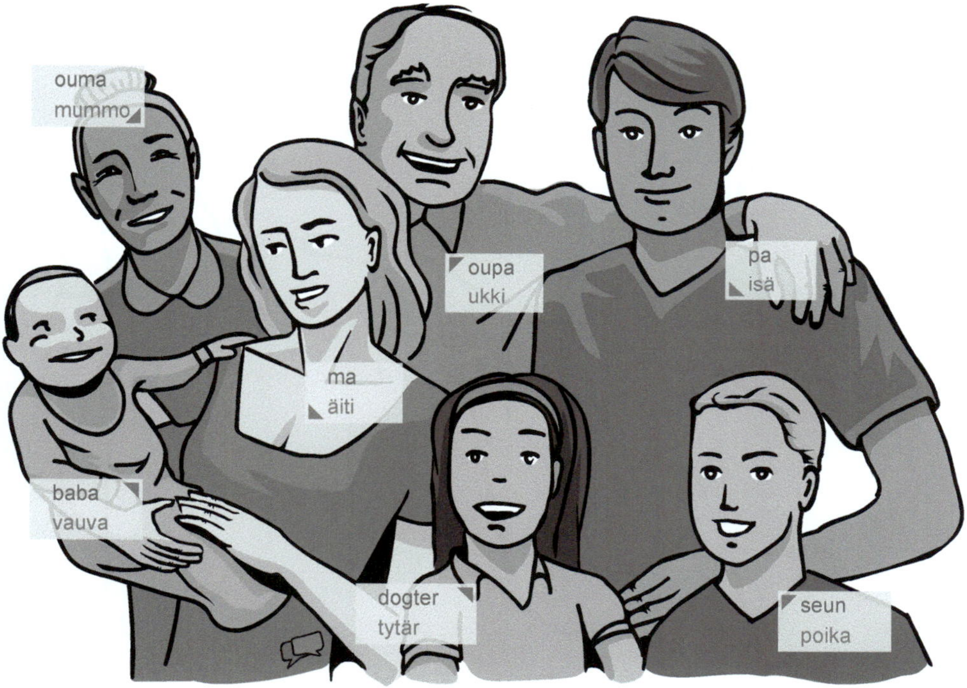
ouma
mummo
oupa
ukki
pa
isä
ma
äiti
baba
vauva
dogter
tytär
seun
poika

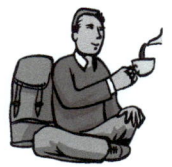

gas

vieras

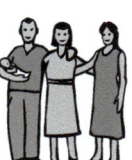

tannie

täti

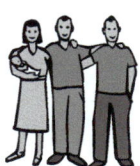

oom

setä

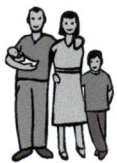

broer

veli

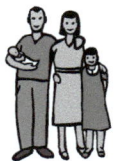

suster

sisko

liggaam
vartalo

voorkop
otsa
oog
silmä
skouer
olkapää
vinger
sormet
gesig
kasvot
ken
leuka
hand
käsi
been
jalka
bors
rinta
arm
käsivarsi

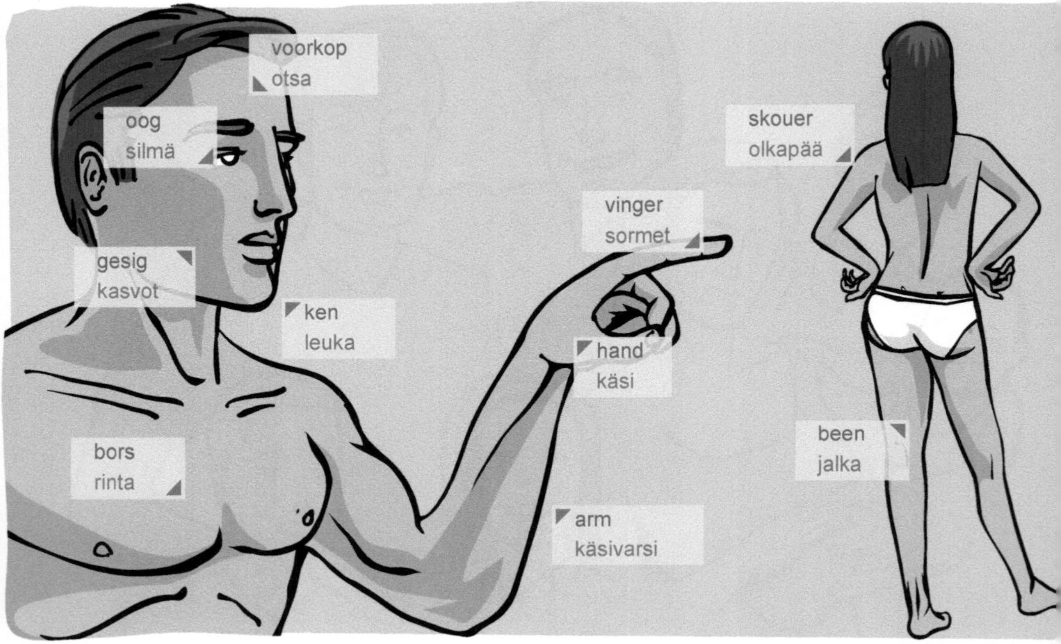

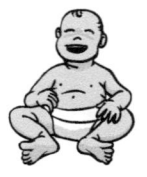

baba
vauva

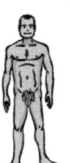

man
mies

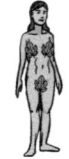

vrou
nainen

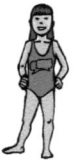

meisie
tyttö

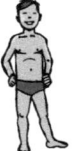

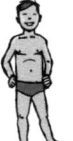

seun
poika

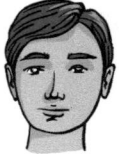

kop
pää

rug
selkä

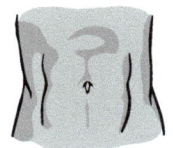

buik
maha

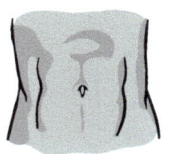

naelstring
napa

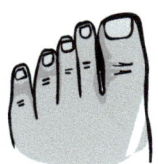

toon
varvas

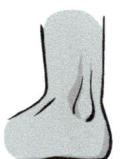

hak
kantapää

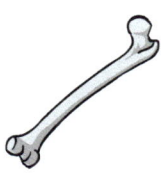

been
luu

heup
lantio

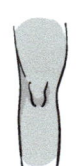

knie
polvi

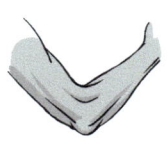

elmboog
kyynärpää

neus
nenä

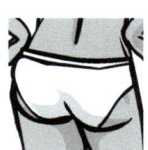

boude
takapuoli

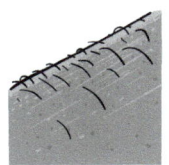

vel
iho

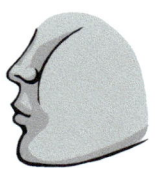

wang
poski

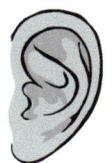

oor
korva

lippe
huuli

mond
suu

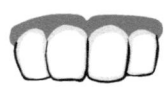

tand
hammas

tong
kieli

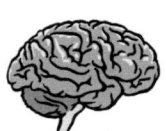

brein
aivot

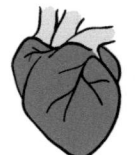

hart
sydän

spiere
lihas

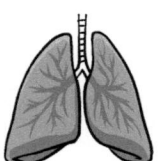

long
keuhkot

lewer
maksa

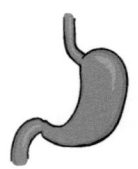

maag
vatsa

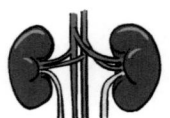

niere
munuaiset

seks
seksi

kondoom
kondomi

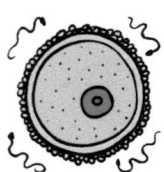

eierstok
munasolu

semen
sperma

swangerskap
raskaus

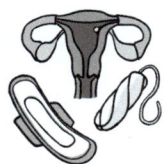

menstruasie

kuukautiset

vagina

vagina

penis

penis

wenkbrou

kulmakarvat

hare

hiukset

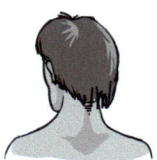

nek

niska

hospitaal
sairaala

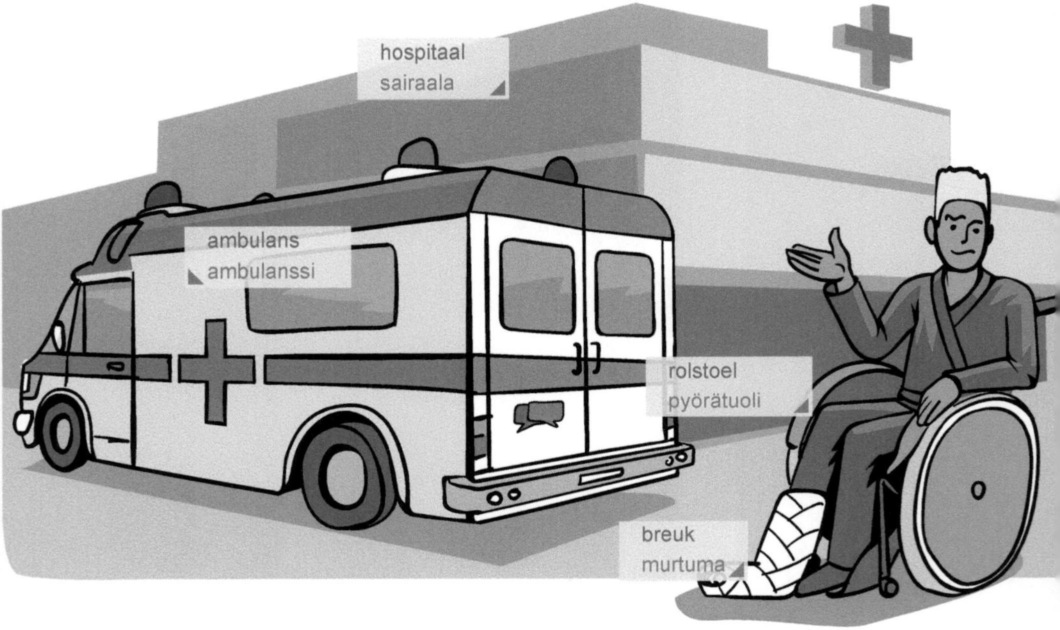

hospitaal
sairaala
ambulans
ambulanssi
rolstoel
pyörätuoli
breuk
murtuma

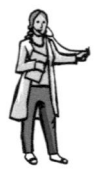

dokter
lääkäri

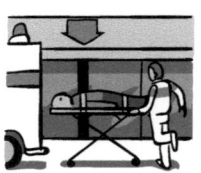

ongevalle
ensiapu

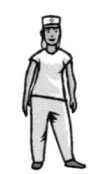

verpleegster
sairaanhoitaja

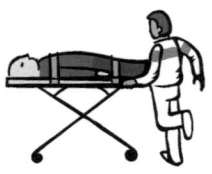

noodgeval
hätätilanne

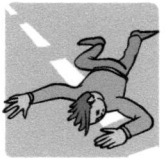

bewusteloos
tajuton

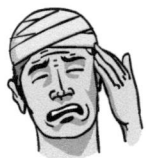

pyn
kipu

besering
vamma

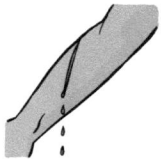

bloeding
verenvuoto

hartaanval
sydänkohtaus

beroerte
aivoinfarkti

allergie
allergia

hoes
yskä

koors
kuume

griep
flunssa

diarree
ripuli

hoofpyn
päänsärky

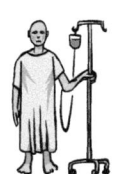

kanker
syöpä

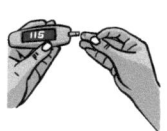

diabetes
diabetes

chirurg
kirurgi

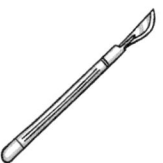

skalpel
veitsi

operasie
leikkaus

CT
ct

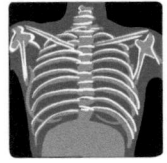

X-straal
röntgen

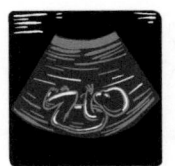

ultraklank
ultraääni

gesigmasker
maski

siekte
sairaus

wagkamer
odotushuone

kruk
sauva

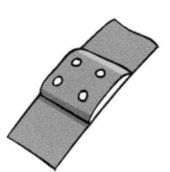

gips
laastari

verband
side

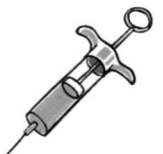

inspuiting
pistos

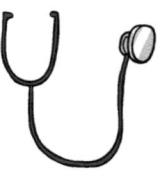

stetoskoop
stetoskooppi

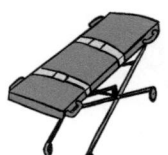

draagbaar
paarit

kliniese termometer
kuumemittari

geboorte
syntymä

oorgewig
ylipaino

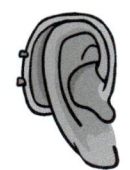

gehoorapparaat

kuulolaite

ontsmettingsmiddel

desinfiointiaine

infeksie

infektio

virus

virus

MIV / vigs

HIV / AIDS

medisyne

lääke

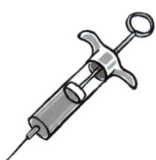

inenting

rokotus

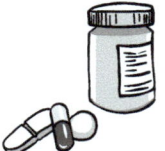

tablette

tabletit

pil

pilleri

noodoproep

hätäpuhelu

blooddrukmonitor

verenpainemittari

siek / gesond

sairas / terve

Help!

Apua!

alarm

hälytys

aanranding

ryöstö

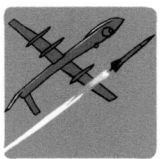

aanval

hyökkäys

gevaar

vaara

nooduitgang

hätäuloskäynti

Brand!

Tulipalo!

brandblusser

palosammutin

ongeluk

onnettomuus

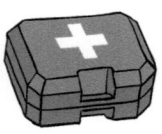

noodhulpkissie

ensiapulaukku

SOS

SOS

polisie

poliisilaitos

Europa

Eurooppa

Noord-Amerika

Pohjois-Amerikka

Suid-Amerika

Etelä-Amerikka

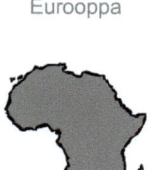

Afrika

Afrikka

Asië

Aasia

Australië

Australia

Atlantiese Oseaan

Atlantin valtameri

Stille Oseaan

Tyynimeri

Indiese Oseaan

Intian valtameri

Antarktiese Oseaan

Eteläinen jäämeri

Arktiese Oseaan

Pohjoinen jäämeri

Noordpool

pohjoisnapa

Suidpool

etelänapa

Antarktika

Antarktis

aarde

maa

land

maa

see

meri

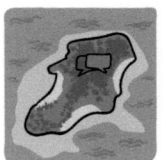

eiland

saari

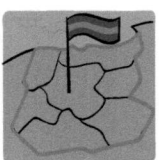

nasie

kansa

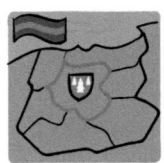

staat

osavaltio

horlosie

kellotaulu

uur-aanwyser

tuntiviisari

minuut-aanwyser

minuuttiviisari

sekonde-aanwyser

sekuntiviisari

Hoe laat is dit?

Paljonko kello on?

dag

päivä

tyd

aika

nou

nyt

digitale horlosie

digitaalikello

minuut

minuutti

uur

tunti

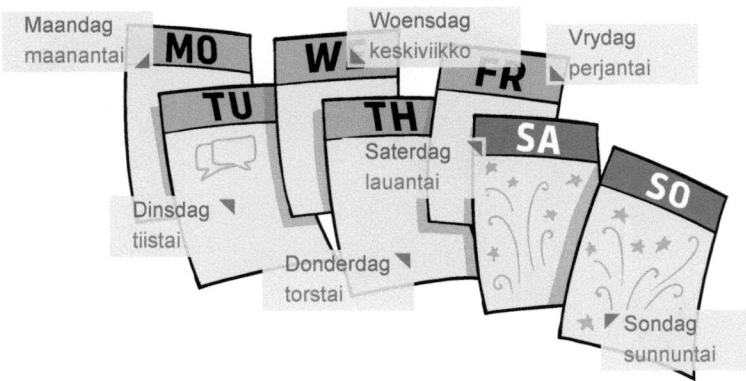

Maandag
maanantai

Woensdag
keskiviikko

Vrydag
perjantai

Dinsdag
tiistai

Donderdag
torstai

Saterdag
lauantai

Sondag
sunnuntai

gister
eilen

vandag
tänään

môre
huomenna

oggend
aamu

middag
keskipäivä

aand
ilta

werksdae
työpäivät

naweek
viikonloppu

jaar

vuosi

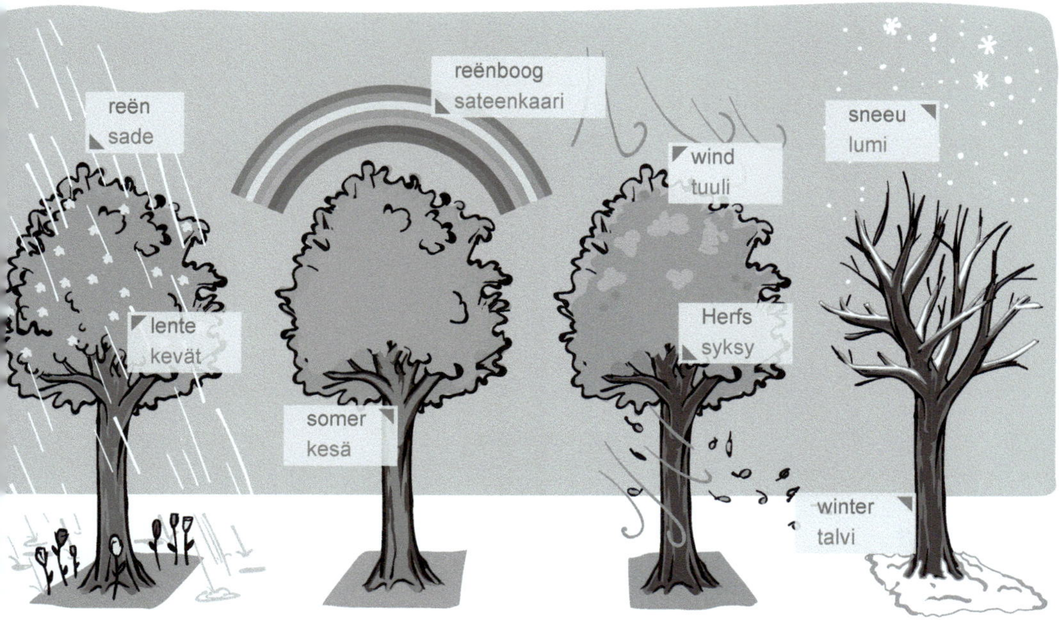

reën
sade
reënboog
sateenkaari
wind
tuuli
sneeu
lumi
lente
kevät
Herfs
syksy
somer
kesä
winter
talvi

4.APRIL 11°
5.APRIL 4°
6.APRIL 13°
7.APRIL 8°
8.APRIL 10°

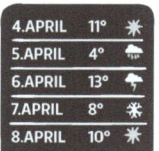

weervoorspelling

sääennuste

F C
120 40
90 30
60 20
30 10
0 0
-30 -10
-20

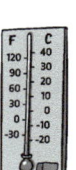

termometer

lämpömittari

sonskyn

auringonpaiste

wolk

pilvi

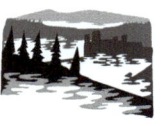

mis

sumu

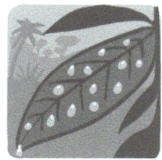

humiditeit

ilmankosteus

weerlig

salama

donderweer

ukkonen

storm

myrsky

hael

rae

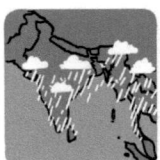

reënseisoen

monsuuni

vloed

tulva

ys

jää

Januarie

tammikuu

Februarie

helmikuu

Maart

maaliskuu

April

huhtikuu

Mei

toukokuu

Junie

kesäkuu

Julie

heinäkuu

Augustus

elokuu

jaar - vuosi

September
....
syyskuu

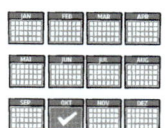

Oktober
....
lokakuu

November
....
marraskuu

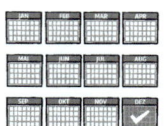

Desember
....
joulukuu

sirkel
....
ympyrä

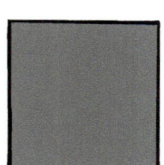

vierkant
....
neliö

reghoek
....
suorakulmio

driehoek
....
kolmio

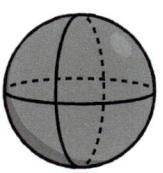

gebied
....
pallo

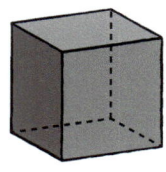

kubus
....
kuutio

wit

valkoinen

geel

keltainen

oranje

oranssi

pink

vaaleanpunainen

rooi

punainen

pers

violetti

blou

sininen

groen

vihreä

bruin

ruskea

grys

harmaa

swart

musta

'n baie / 'n bietjie

paljon / vähän

kwaad / kalm

vihainen / ystävällinen

pragtig / lelik

kaunis / ruma

begin / einde

alku / loppu

groot / klein

suuri / pieni

helder / donker

vaalea / tumma

broer / suster

veli / sisko

skoon / vuil

puhdas / likainen

volledige / onvolledige

täydellinen / epätäydellinen

dag / nag

päivä / yö

dood / lewendig

kuollut / elävä

wyd / smal

leveä / kapea

eetbare / oneetbaar

syötävä / syömäkelvoton

kwaad / vriendelik

paha / kiltti

opgewonde / verveeld

innostunut / tylsistynyt

vet / maer

lihava / laiha

eerste / laaste

ensimmäinen / viimeinen

vriend / vyand

ystävä / vihollinen

vol / leeg

täysi / tyhjä

hard / sag

kova / pehmeä

swaar / lig

painava / kevyt

honger / dors

nälkä / jano

siek / gesond

sairas / terve

onwettige / wettige

laiton / laillinen

slim / dom

älykäs / tyhmä

links / regs

vasen / oikea

naby / vêr

lähellä / kaukana

nuut / tweedehands

uusi / käytetty

niks / iets

ei mitään / jotain

oud / jonk

vanha / nuori

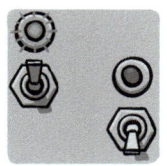

aan / af

päällä / pois päältä

oop / toe

auki / kiinni

stil / lawaaierig

hiljainen / äänekäs

ryk / arm

rikas / köyhä

reg / verkeerd

oikein / väärin

grof / glad

karhea / sileä

hartseer / gelukkig

surullinen / iloinen

kort / lank

lyhyt / pitkä

stadig / vinnig

hidas / nopea

nat / droog

märkä / kuiva

warm / koel

lämmin / viileä

oorlog / vrede

sota / rauha

0

nul

nolla

1

een

yksi

2

twee

kaksi

3

drie

kolme

4

vier

neljä

5

vyf

viisi

6

ses

kuusi

7

sewe

seitsemän

8

agt

kahdeksan

9

nege

yhdeksän

10

tien

kymmenen

11

elf

yksitoista

12

twaalf
kaksitoista

13

dertien
kolmetoista

14

veertien
neljätoista

15

vyftien
viisitoista

16

sestien
kuusitoista

17

sewentien
seitsemäntoista

18

agtien
kahdeksantoista

19

negentien
yhdeksäntoista

20

twintig
kaksikymmentä

100

honderd
sata

1.000

duisend
tuhat

1.000.000

miljoen
miljoona

Engels

englanti

Amerikaanse Engels

amerikanenglanti

Mandaryns

mandariinikiina

Hindi

hindi

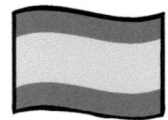

Spaans

espanja

Frans

ranska

Arabies

arabia

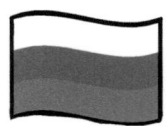

Russies

venäjä

Portugees

portugali

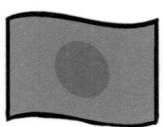

Bengaals

bengali

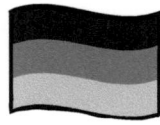

Duits

saksa

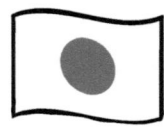

Japanees

japani

Ek

minä

jy

sinä

hy / sy / dit

hän

ons

me

julle

te

hulle

he

wie?

kuka?

wat?

mitä / mikä?

hoe?

miten?

waar?

missä?

wanneer?

milloin?

naam

nimi

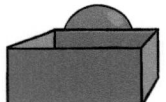

agter

takana

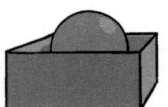

in

sisällä

voor

edessä

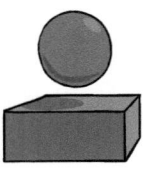

oor

yläpuolella

bo-op

päällä

onder

alapuolella

langs

vieressä

tussen

välissä

plek

paikka